Bom Jesus
EDITORA

Para visualizar o conteúdo digital deste livro, acesse o *site* **www.bomjesuseditora.com.br/livrodigital**, digite o seu código de acesso e siga as instruções contidas na página.

CÓDIGO DE ACESSO:

D16402583RWVJ

Importante: Caso ocorra a perda ou o vazamento da senha, solicite imediatamente o bloqueio de acesso e a criação de uma nova senha.

Em caso de dúvidas, entre em contato conosco pelos canais de atendimento.

0800 764 4400

atendimento.comercial@bomjesus.br

Coleção
FORMAÇÃO DE VALOR

Redescobrindo o Universo Religioso

Marcos Sidney
Pereira

Bom Jesus
EDITORA

EDITORA BOM JESUS

PRESIDENTE DA ASSOCIAÇÃO FRANCISCANA DE ENSINO SENHOR BOM JESUS
Frei João Mannes

DIRETOR-GERAL
Jorge Apóstolos Siarcos

GERENTE PEDAGÓGICA DO CENTRO DE ESTUDOS E PESQUISAS (CEP) E DA EDITORA BOM JESUS
Giselli Padilha Hümmelgen

COORDENAÇÃO EDITORIAL
Diversi Marketing Educacional

ORGANIZADOR
Claudino Gilz

PROJETO GRÁFICO, DIAGRAMAÇÃO E CAPA
Diversi Marketing Educacional

ILUSTRADORES
Ricardo Enz
Roberto Zoellner

NORMATIZAÇÃO BIBLIOGRÁFICA
Edith Dias

Pereira, Marcos Sidney
Redescobrindo o universo religioso: 2. ano do ensino fundamental/ Marcos Sidney Pereira; organizador: Claudino Gilz; ilustradores: Ricardo Enz, Roberto Zoellner. Curitiba: Editora Bom Jesus, 2015.
90 p. ilust. 21x30cm (Formação de Valor)

ISBN 978-85-65497-75-6

1. Redescobrindo o universo religioso (Ensino Fundamental) – Estudo e ensino. I. Gilz, Claudino, Org.II. Enz, Ricardo, Ilust. III. Zoellner, Roberto, ilust. IV. Título.

CDD – 372.84

EDITORA BOM JESUS
Rua Anselmo de Lima Filho, 242
81290-250 – Curitiba-PR

www.bomjesus.br

APRESENTAÇÃO

Olá, Estudante!

É na escola que aprendemos o conhecimento das letras do alfabeto, a leitura, o significado das palavras, a lógica dos números, o respeito e a solidariedade a quem quer que seja.

O Ensino Religioso é uma das áreas de conhecimento que você irá estudar durante este ano letivo. Você já imaginou conhecer mais a respeito dos diversos nomes que são dados ao Transcendente? Você e sua família já realizaram alguma viagem de peregrinação a um lugar de oração? Será que basta apenas rezar sozinho ou também é importante fazê-lo em comunidade?

Você irá encontrar as respostas a essas e a tantas outras perguntas ao estudar os temas deste livro. Também irá descobrir que, além de adquirir conhecimentos, é necessário respeitar as diferentes histórias, mensagens e o jeito de crer das pessoas, pois do respeito nasce e se desenvolve uma convivência fraterna e pacífica na escola, na família e na sociedade.

Desejo-lhe um excelente e inesquecível ano letivo!

O Organizador

Bom Jesus EDITORA

Sumário

Unidade 1

ENVOLVIDOS COM A VIDA

Desde que nascemos, convivemos em diferentes ambientes: na casa onde moramos com nossa família, na escola, na casa dos parentes, na casa dos amigos, nos parques, na comunidade religiosa, e assim passamos a conhecer as pessoas, a aprender a fazer amizades, a seguir horários, regras, rotinas e a entender que cada um desses ambientes tem o próprio ritmo.

O ritmo da vida

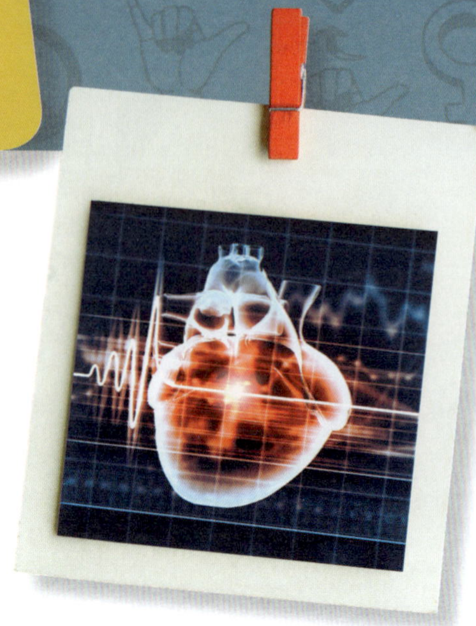

É isso mesmo! São as batidas do coração...

Sabe? Quando minha mãe estava grávida, eu fui ao médico com ela e, durante o exame que fez, ouvi o coraçãozinho da minha irmãzinha. Fiquei impressionada, pois ele batia em um ritmo muito acelerado, ou seja, o movimento produzido era rápido e constante.

1. Será que há outros órgãos do corpo humano que produzem ritmos? Pense, pesquise ou converse com um adulto e, em seguida, registre suas descobertas!

Além dos ritmos produzidos pelo corpo humano, é importante entender que as ações das pessoas também possuem seu próprio ritmo. Por exemplo, o tempo de que cada um precisa para fazer uma refeição: há pessoas que comem rapidamente, mas também há aquelas que aprenderam ou preferem degustar o alimento, mastigá-lo em um ritmo mais tranquilo e assim demoram um pouco mais para terminar sua refeição. Mas, no final, todas atingem o objetivo, que é se alimentar.

Observe!

2. Observe os personagens da página anterior e identifique aquele que possui o ritmo escolar mais parecido com o seu. Em seguida, circule-o e explique em que as ações dele e as suas são parecidas.

Agora, converse com seu professor e seus colegas sobre as respostas e as escolhas dos personagens que apareceram em sua sala que representam os ritmos de cada um.

Por meio de horários de chegada, saída, estudo, lanche ou recreio, é possível perceber que também há um ritmo próprio na vida escolar. E antigamente, como era o ritmo escolar dos alunos?

3. Vamos descobrir realizando uma entrevista! Sua turma poderá convidar alguém que trabalha na escola para ser entrevistado: jardineiro, zelador, secretária, diretor. Procure prestar muita atenção às respostas. Inicialmente, é importante escolher com os colegas as questões que serão perguntadas.

Seguem algumas sugestões e o espaço para serem criadas outras perguntas.

- Nome do entrevistado.
- Um dos lugares em que estudou em sua infância.
- Como era o ritmo escolar? Como se organizavam as filas?
- Como era a entrada na sala de aula?
- O que faziam era sempre igual ou havia mudanças?
- O modo de todos os estudantes agirem era igual?

- Havia turmas mais rápidas ou mais lentas para organizar a fila?
- Havia alunos que eram mais agitados?
- E os professores, como agiam?
- Havia troca de professores ou era apenas um único professor que trabalhava com a classe?
- A escola tinha uma rotina, como era o ritmo escolar?
- Como era o modo de agir do entrevistado, qual o ritmo dele: rápido, lento?
- Como era a hora do recreio: o que faziam, quais as brincadeiras de que mais gostavam? Todos participavam?
- Aconteciam intervalos separados por turmas?

4. Depois de realizar a entrevista, que tal comparar o ritmo da escola do entrevistado com o ritmo de sua escola? Conversem entre si e, em seguida, registrem por meio de desenho um dos aspectos mais curiosos em que os ritmos são diferentes.

Ritmo da escola do entrevistado

Ritmo de sua escola

Mas, afinal, qual é a importância do ritmo na escola?

5. Para descobrir, troque os símbolos pelas letras correspondentes.

A	B	C	D	E	F	G	H	I	J	K	L	M
⚐	✏	✂	💻	☺	✍	☎	☼	💧	☙	❄	✿	⌘

N	O	P	Q	R	S	T	U	V	X	W	Y	Z
☉	🎧	★	🖭	⌖	♥	🗝	✋	☔	✈	🖰	👍	🕊

Ajudar cada aluno a...

_______ _ _______ _ _ _______ __ ____
⚐★⌖☺☉💻☺⌖ ⚐ ☺♥🗝✋💻⚐⌖ ☺ ⚐ ✏⌖💧☉✂⚐⌖ ☉⚐ ☼🎧⌖⚐

_____, _ _________ _ _ _______ ___
✂☺⌖🗝⚐, ⚐ ⌖☺♥★☺💧🗝⚐⌖ ☺ ⚐ ✂🎧☉☔💧☔☺⌖ ✂🎧⌘

_____ __ _______.
🗝🎧💻⚐♥ ⚐♥ ★☺♥♥🎧⚐♥.

Vale lembrar que o diretor, o zelador, o professor e o coordenador são pessoas que convivem no mesmo espaço, nos mesmos horários, porém cada um tem seu ritmo próprio dentro da escola.

Nos demais ambientes em que vivemos, também temos a oportunidade de conviver com o ritmo de outras pessoas, aprendendo, assim, a respeitar e a valorizar cada uma delas, em seu próprio jeito de agir e viver.

Assim, aprendemos que é preciso dar tempo aos irmãos e colegas para que possam aprender uma brincadeira nova, respeitando seu ritmo, sem pressioná-los com brincadeiras desagradáveis ou apelidos, porque fazer isso é exigir que a pessoa realize coisas para as quais não está pronta. Ao contrário, é preciso motivar o colega/irmão para continuar tentando e, quando conseguir, alegrar-se com ele.

Veja só, até as plantas têm um ritmo para se desenvolver: uma rosa, por exemplo, primeiro é muda/semente, depois vira botão e somente depois é que se abre em flor. Cada coisa acontece conforme seu próprio ritmo de desenvolvimento, crescimento, seja na vida das plantas, dos animais ou das pessoas.

Portanto, é preciso respeitar o ritmo da vida para que se possa ter uma boa convivência, tanto com as pessoas quanto com a natureza ou os diferentes espaços que frequentamos.

Teia de ideias

Imagine que um amigo seu faltou à escola e quer entender o tema que estudaram. Considerando aquilo que você aprendeu sobre o ritmo da vida nas aulas de Ensino Religioso, o que você diria a ele?

Nos diferentes ritmos que fazem parte da vida, o entendimento entre as pessoas acontece por meio da capacidade de relacionamento com as diferenças, em compreender respeitosamente o ritmo de cada um.

Anotações e Atividades

Anotações e Atividades

O ritmo da vida nas Tradições Religiosas

Leia a história em quadrinhos a seguir.

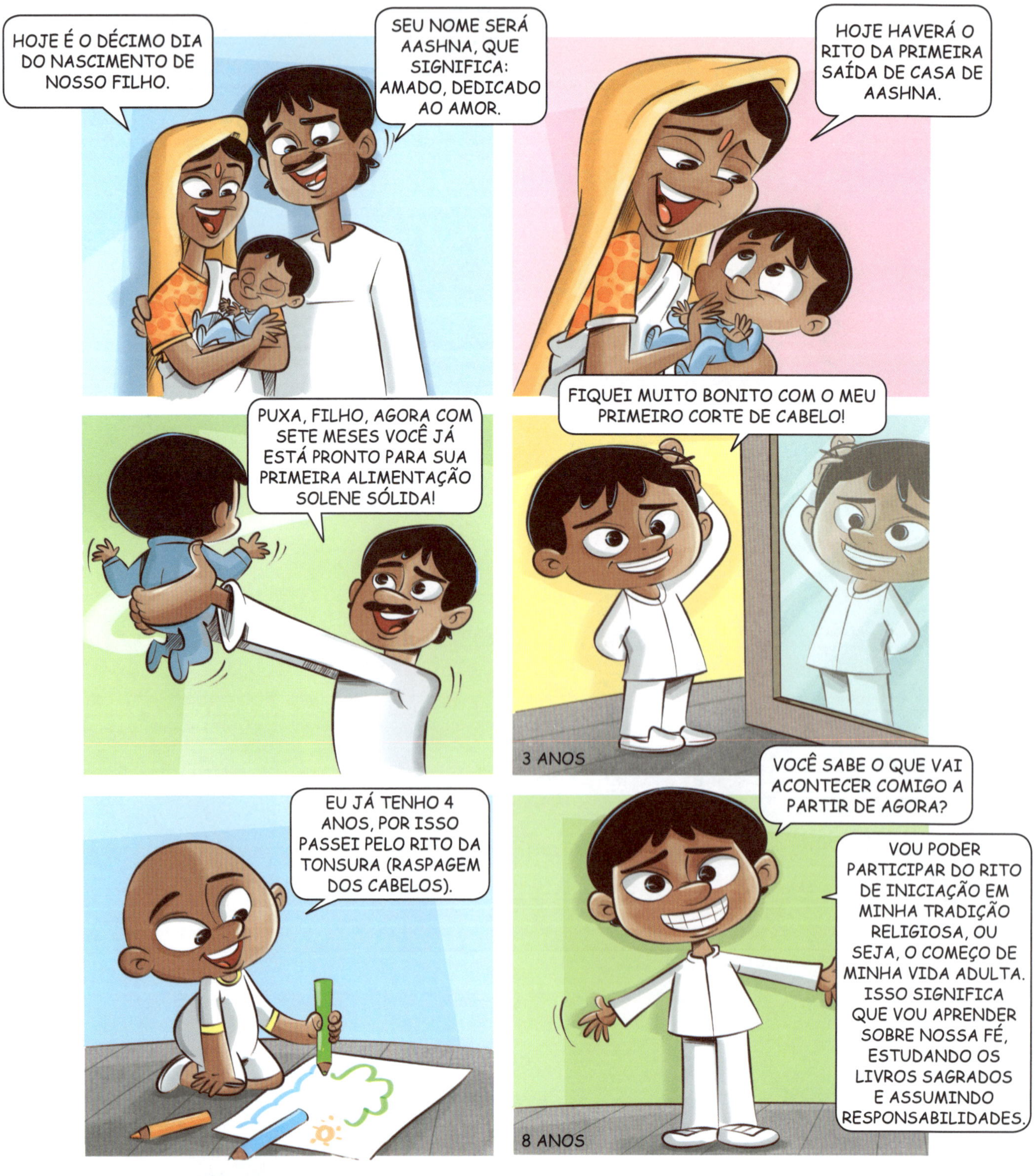

1. Vamos entender um pouco mais sobre essa história que você acabou de ler! Para isso, desembaralhe as letras e descubra.

- Observando as características dos personagens, a que Tradição Religiosa essa família pertence?

____

O H D N Í S U M I

- Com base na história em quadrinhos, é possível perceber que há um ______________

T I R O M

que acompanha a vida e o desenvolvimento da criança nessa Tradição Religiosa.

Que tal conhecer também como é o ritmo da vida na Tradição Religiosa do Judaísmo?

O ritmo da vida religiosa da criança judaica muda assim que a criança começa a falar, pois lhe é ensinado que, ao acordar de manhã, ainda antes de sair da cama deverá recitar *Modeh Ani*, agradecendo a Javé (*Yahweh*) pelo dom da vida e, ao se deitar, recitar o *Shemá Israel,* que significa "Ouça Israel"!

O que significa o Shemá?

2. Para saber a resposta, siga as setas e anote as letras!

AEL É AUM MÃAÇIFORA ED SAOSN ÉF E

IFOCNÇANA ME MU SEDU CONÚI E

AERDVEIROD, A EMQU EVEDOSM SOTAD

SA BNÊÃOSÇ BEECRISAD, OD MEMOTNO

OD PSEDETRRA OA IEADTR.

O corte do cabelo aos três anos, feito na presença dos familiares, modifica o ritmo da criança na Tradição Judaica, pois a partir desse momento os meninos iniciam o conhecimento sobre sua Tradição Religiosa e também já podem usar quipá.

Ainda no dia do corte de cabelo, apresenta-se ao menino o alfabeto hebraico, língua em que está escrita a *Torá* (Livro Sagrado), para que vá despertando e assimilando as letras enquanto o repete.

Quando chega o momento de ir para a escola, os pais escolhem um local que preferencialmente seja exemplo de vivência dos ensinamentos da *Torá* para que, conforme os meninos estejam crescendo, passem a conhecer as orações e não somente algumas expressões e ensinamentos de sua Religião.

Cada Tradição Religiosa possui seu próprio ritmo. Ao conhecê-lo, percebe-se a importância desses ritmos para aqueles que o praticam.

3. E em sua Tradição Religiosa, quais aspectos você e seus familiares julgam que fazem parte do ritmo dessa Tradição? Caso você não participe de uma Tradição Religiosa, que tal entrevistar alguém que possa lhe informar: vizinho, amigo, familiar que não mora com você, líder religioso?

Registre suas descobertas.

4. Que tal pesquisar com seu professor e colegas como acontece o ritmo de uma Tradição Religiosa diferente daquelas que já foram estudadas?

É hora de pesquisar! Existem várias Tradições Religiosas, certo?

Escolham um acontecimento da Tradição pesquisada que acharam interessante e elaborem uma poesia coletiva para explicar esse acontecimento e como ocorre o ritmo nessa Tradição.

Teia de ideias

Observe a ilustração.

As comunidades religiosas têm muitas diferenças em seu jeito de viver, cada uma com seu ritmo. Que tal escrever uma frase que motive o respeito ao ritmo da vida das pessoas de diferentes Tradições Religiosas?

Anotações e Atividades

Anotações e Atividades

Unidade 2

CRESCER E CONVIVER

Ao longo da vida, à medida que crescemos, vamos aprendendo muitas coisas com nossos familiares, amigos e professores que nos ajudam a compreender as atitudes, o jeito de as pessoas se comunicarem. E isso nos ajuda a escolher o melhor modo de saber conviver com as pessoas e suas diferenças, como também a crescer na amizade, na crença em Deus.

Viver é crescer!

Você já ajudou alguém a fazer um bolo ou já viu alguém fazendo?

Vamos relembrar ou conhecer como se faz?

É necessário providenciar alguns ingredientes, como ovos, trigo, margarina, leite, açúcar etc., mas há um ingrediente que não pode faltar, que é o fermento, porque sem ele o bolo não cresce, não fica fofinho e torna-se menos saboroso. Ainda, é necessário untar a forma antes de despejar o bolo, em seguida colocá-lo para assar em tempo e temperatura adequados para só então, ao esfriar, poder saboreá-lo.

Para que o bolo cresça, o fermento é indispensável, certo? Pensando em você: O que é necessário para que seu corpo cresça de maneira saudável?

1. Procure ilustrações em revistas ou jornais para responder a essa pergunta. Em seguida, cole-as.

Isso mesmo! Foi por meio dos cuidados que recebeu e de uma alimentação saudável que você deixou de ser aquele bebezinho que...

Engatinhava

Mamava

E se tornou assim...

Cole sua fotografia aqui.

Com o crescimento físico, as pessoas também têm a oportunidade de crescer na aprendizagem, ou seja, aprender coisas novas a cada dia, seja ao realizar tarefas escolares ou domésticas, ao fazer novas amizades, ou ao conseguir encontrar soluções para as dificuldades do dia a dia...

É possível comprovar isso fazendo algumas comparações.

Lista para relacionar suas preferências	Pesquise com seus familiares as suas preferências de quando você tinha 3 anos.	Escreva nos espaços as respostas para suas preferências.
Brincadeira		
História		
Lugar		
Objeto		
Sagrado		

Observando o quadro, podemos perceber que nossas preferências mudaram, aprimoramos nosso entendimento; a história simples, com poucas palavras, foi substituída por outra com mais texto, mais personagens, pois, além de nosso crescimento físico, também aprendemos mais sobre coisas, acontecimentos e pessoas.

Além do crescimento no físico e na aprendizagem, há também uma grande quantidade de pessoas que buscam crescer na amizade com Deus. Ou seja, para elas, essa amizade é como o "fermento" no bolo; um ingrediente especial que não pode faltar em suas vidas.

Mas como será que isso acontece?

2. Observe as imagens e converse com seu professor e colegas sobre o que elas representam.

3. Depois de conversar com seu professor e colegas, sobre as aprendizagens presentes em cada uma das imagens, complete a frase:

Para crescer na amizade com Deus...

Quando gostamos muito de um amigo, sempre que possível, queremos estar perto dele, conversar com ele e jamais desapontá-lo. Assim também acontece com aqueles que querem crescer na amizade com Deus: começam ouvindo histórias e ensinamentos a respeito de Deus e, com isso, aprendem a fazer o bem, a meditar, a rezar, a participar de encontros na comunidade religiosa, a ler o Texto Sagrado de sua Religião etc.

4. Que tal entrevistar um colega ou funcionário da escola e perguntar a ele sobre uma das maneiras que utiliza para crescer na amizade com Deus? Registre por meio de desenho a resposta.

Nome do entrevistado:

Tradição Religiosa:

5. E você, sua família ou um dos colegas, o que têm feito para crescer na amizade com Deus?

Crescemos na amizade com Deus quando escolhemos momentos para entrar em contato com ele na oração, na meditação, no diálogo etc. e também quando praticamos o bem, colaboramos com aqueles que precisam e respeitamos os outros e seu modo de agir.

Teia de ideias

Ao observar por alguns dias uma plantinha, é possível acompanhar seu crescimento. Ao observar um álbum de fotografias ou roupas do ano passado, livros ou atividades que você realizou em anos anteriores, também é possível observar como você cresceu.

Veja as ilustrações e relacione-as com uma das formas de crescimento estudadas.

- Crescendo na amizade com Deus.
- Crescendo no aspecto físico.
- Aprendendo cada dia mais.

Viver é crescer!
Crescer indica oportunidades de conhecer, aprender!
Conhecer Deus é também uma maneira de crescer!

Anotações e Atividades

Anotações e Atividades

Passos rumo à convivência

JORNAL ÁTICO

O jogo de futebol que aconteceu ontem entre Piriri e Pirilampo lotou o Estádio Heitor Mayer com aproximadamente 30 mil torcedores. O encerramento do jogo aconteceu no próprio Estádio com uma queima de fogos e um *show* de música ao vivo até as 23 h. O helicóptero da redação do *Jornal Ático* fotografou os melhores momentos. Confira uma das cenas.

1. O que podemos aprender com a notícia e a fotografia apresentada na capa do jornal? Descubra a resposta desvendando a charada!

O que é? O que é?

Estar junto com as pessoas, sem brigar, sem discutir. Sentir-se em paz, em harmonia, respeitando quem está aqui e ali.

O que é? _ _ _ _ _ _ _ _ _ _.

2. Agora, pense e anote o nome das pessoas com as quais você mais convive!

Em casa

Na escola

Na comunidade religiosa

Durante o dia, encontramos várias pessoas, mas será que convivemos com todas as pessoas que encontramos?

3. Converse com seu professor e colegas sobre cada uma das cenas a seguir e marque com um X somente aquelas que indicam situações de convivência no dia a dia das pessoas.

É possível aprender com as pessoas com quem convivemos?

4. Observe as ilustrações a seguir.

Claro que sim, não é mesmo?

5. Agora, procure lembrar algo que você aprendeu ao conviver com seus familiares, amigos e anote sua resposta.

Aprendi com meus familiares	Aprendi com meus amigos

É por meio da convivência que aprendemos a fazer as coisas, a controlar nossos sentimentos, a dividir os brinquedos, a aceitar a ideia de quem pensa diferente, a repartir o alimento, a cooperar com os outros!

No **Espiritismo**, a convivência é sempre um desafio a ser colocado em prática, pois as pessoas pensam de maneiras diferentes. Mas, por meio do diálogo respeitoso, é possível encontrar boas soluções para qualquer dificuldade que surge entre uma pessoa e outra, entre as pessoas de uma Religião e outra.

Assim, não basta saber quais são as atitudes necessárias para uma boa convivência, é necessário colocar isso em prática, é fazer o que nos ensinam como passos para chegar a uma boa convivência: o respeito, a acolhida e o diálogo.

Atualmente, ainda existem comunidades indígenas que moram nas matas e preservam os costumes mais importantes de sua cultura. Em uma comunidade indígena, uma das formas de conviver se realiza ao partilharem tudo: a colheita, a pesca, a caça, para que todos tenham o suficiente para sobreviver.

Um dos passos propostos nas **comunidades indígenas** para conviver bem é o cuidado com a Mãe Terra e tudo o que ela oferece. Um exemplo disso é a região da Amazônia, que há 13 mil anos é ocupada por povos indígenas e que só foi sendo destruída com a chegada do homem branco.

Portanto, o respeito, a partilha e o diálogo são alguns dos passos importantes para que as Tradições Religiosas estabeleçam uma convivência harmoniosa.

6. E em sua Tradição Religiosa ou na de um de seus colegas, o que se ensina sobre a convivência? Procure em revistas, jornais ou até mesmo na *internet* imagens que representem sua resposta.

Em alguns momentos, todos nós temos dificuldades em conviver bem, seja com as pessoas ou com a natureza.

7. Com base nas situações apresentadas a seguir, que tal pensar em atitudes que possam contribuir para que a convivência harmoniosa aconteça?

a) Quando alguém o empurra, o que você deve fazer?

b) Quando alguém pega seu brinquedo favorito, sem pedir, como deve agir?

c) Quando alguém precisa que você faça um favor (por exemplo, ajudar a secar a louça), qual atitude deve tomar?

d) Quando alguém de Religião diferente da sua quer brincar com você, como agir?

e) Agora, anote uma situação que já aconteceu com você, quando teve dificuldades para conviver bem.

____

____

____

____

f) Qual a solução para essa situação que citou?

____

____

____

____

Lembre-se:

Não basta saber o que é preciso fazer para conviver bem, é necessário também muito esforço para colocar em prática o respeito pelo outro: agindo com tolerância quando alguém o empurra; com paciência, quando alguém pega algo seu sem sua permissão; com alegria, quando alguém precisa de sua ajuda; com entusiasmo, para poder brincar com alguém diferente e com ele aprender coisas novas; com perseverança, para mudar de atitude; com diálogo, para resolver situações difíceis etc.

Teia de ideias

Os jornais, a televisão e a *internet* muitas vezes divulgam notícias que nos entristecem, como brigas entre torcedores adversários, situações de discriminação e preconceito com deficientes, com pessoas de etnias ou Tradições Religiosas diferentes e outros.

Reconhecendo a importância de conviver bem, tanto para as famílias como para as Tradições Religiosas, elabore uma história em quadrinhos que revele orientações, ou seja, passos para que a prática da convivência harmoniosa aconteça.

Não importa a cultura, a etnia ou a Religião. Depende de cada um dar o primeiro passo para que a convivência harmoniosa aconteça, ou seja, para que a paz aconteça em nosso meio.

Anotações e Atividades

Anotações e Atividades

Unidade 3

ENSINAMENTOS PARA A VIDA

As Tradições Religiosas afirmam que estar ao lado de alguém repleto de bons sentimentos, pronto para partilhar ideias e pertences, é saber conviver em harmonia. Esse é um ensinamento que nos ajuda a colocar em prática nossa capacidade de fazer a experiência de compartilhar e interagir com o outro, diferente de nós. Quem respeita o outro e sabe partilhar convive bem!

Religiões ensinam a conviver em harmonia

Observe a história em quadrinhos:

Francisco de Assis, o personagem que aparece em todos os quadros da história, morou na Itália, na cidade de Assis, há 800 anos e até hoje é lembrado como um exemplo de paz. Mas qual será o motivo? Volte à história e observe novamente cada uma das cenas, com atenção.

Com certeza você conseguiu perceber que Francisco foi um homem de paz.

1. Agora, pinte a alternativa que para você demonstra uma atitude/gesto marcante de paz, assim como foi para Francisco.

Com atitude de paz e tentando evitar combates entre cristãos e muçulmanos, Francisco foi ao encontro do sultão e, mesmo tendo sido agredido, não revidou, ou seja, não agiu tentando agredir também. Ao contrário, ouviu o sultão e conseguiu estabelecer um diálogo fraterno e amigável com ele.

Outros momentos da vida de Francisco poderiam ser citados como exemplo de homem de paz, pois até mesmo suas palavras irradiavam a paz por meio de uma saudação que dizia cada vez que encontrava alguém.

2. Para saber como Francisco saudava as pessoas, preencha os espaços dos símbolos conforme a letra que eles representam.

“___ ______ __ __ _ ___!”

◊ ϖ ♠ ° • ◊ ∅ € ♠ Ω ∞ Δ ♣ Δ ♦

◊	♠	♣	♦	•	°	Ω	ϖ	Δ	€	∞	∅
O	E	P	Z	H	N	D	S	A	T	Ê	R

A paz é resultado da troca de bons sentimentos na convivência entre as pessoas, ou seja, onde não há brigas, nem ódio, nem discussões, nem egoísmo, mentira, inveja ou maldade, certo?

Você sabia que as Tradições Religiosas têm uma regra, conhecida como Regra de Ouro, que orienta as atitudes das pessoas para que a paz aconteça por meio da boa convivência?

Vamos conhecer o que dizem?

Cristianismo: “O que quereis que os homens vos façam, fazei-o também a eles” (Lucas 6:31).

Budismo: “Não firas os outros de um modo que não gostarias de ser ferido” (Udanda-Varga 5:18).

Judaísmo: “O que te é odioso, não faça ao teu semelhante” (Talmude, Shabbat 31.ª).

Hinduísmo: “Trate os outros tal como gostarias que eles te tratassem. Não faças ao teu próximo o que não gostarias que ele depois fizesse a ti” (Mahabharata).

Parece difícil entender essas frases, não é mesmo?

Então preste muita atenção! A orientação da Regra de Ouro é a mesma: cuidar no modo de agir, não fazer coisas que irritem ou desrespeitem as pessoas, procurar tratar bem todas as pessoas sem distinção. Assim, o que muda é apenas a maneira de escrever. Há mais de dez Tradições Religiosas que orientam seus seguidores a agirem conforme essa regra. Isso significa que há uma preocupação das Tradições Religiosas para a existência de bons relacionamentos entre as pessoas, para que a paz esteja presente em suas vidas. Por isso, não devemos fazer aos outros tudo aquilo que não gostaríamos que fizessem a nós!

3. Na prática, como essa regra funciona? Converse com seu professor e colegas!

- Você gosta que alguém o provoque, irrite?
- Você gosta que fiquem falando mal de você ou inventando apelidos?
- Será que apanhar é bom?
- Como você se sente quando mentem para você?
- E quando sujam/bagunçam de propósito algo que você acabou de limpar/organizar?

É simples, não é mesmo? Basta agir respeitando tudo o que é próprio das pessoas: jeito de falar, modo de andar, jeito de vestir, rezar etc., procurando pensar antes de agir e fazendo aos outros o que gostaríamos que fizessem a nós.

4. Agora, observe a ilustração e encontre três erros/atitudes que você considera contrários à Regra de Ouro, assinalando-os com um X.

E você, diante das cenas que acabou de observar, que conselho poderia dar às crianças?

Em 1986, líderes religiosos de diferentes Tradições se reuniram em Assis, onde Francisco nasceu, a convite do Papa João Paulo II, para um encontro de convivência e de oração pela paz. Foi um exemplo de que é possível pessoas de crenças diferentes se encontrarem para conviver e rezar juntas pela paz no mundo.

Baseando-se nesse exemplo e em tantos outros que temos, percebemos que é possível, sim, colocar a Regra de Ouro das Religiões em prática, promovendo uma convivência de harmonia. Afinal, todos nós desejamos uma sociedade onde as pessoas se respeitem, procurem agir cuidando uns dos outros e onde a paz seja aplicada em todos os relacionamentos: familiares, entre as Religiões, entre os povos, entre os amigos, não é mesmo?

Teia de ideias

Você pôde conhecer a regra de convivência mais desejada de todos os tempos para a sociedade, chamada de Regra de Ouro. Que tal escrevê-la com suas palavras em um *outdoor* para divulgar como ela nos ajuda a conviver em harmonia?

Anotações e Atividades

Anotações e Atividades

Viver é partilhar!

É hora de história!

Preste muita atenção, ela aconteceu na vida real!

Era uma vez uma família bastante simples, humilde e muito honesta. Os pais vieram do interior para a cidade. Após 2 anos de casados, nasceu a primeira filha, e a segunda não demorou a chegar.

Assim, a diferença entre a idade de uma e outra era pequena. As duas irmãs aprenderam desde cedo a importância de partilhar. Então, se uma ganhava um chocolate, levava para casa para dividir com a mana.

Se as duas irmãs queriam o último pedaço de bolo, elas dividiam ao meio para que ninguém ficasse sem. Até mesmo os poucos brinquedos que tinham em casa eram partilhados.

Até que um dia a irmã mais nova, Letícia, foi convidada para ir a uma festa e, como não tinha um vestido adequado, lembrou-se de que sua irmã, Giovana, ao fazer 15 anos, ganhou de sua madrinha um vestido lindo.

Depois que a Letícia se cansou de tanto pedir emprestado o vestido e receber um "não" como resposta, a mãe autorizou que ela usasse o vestido da irmã para ir àquela festa. Essa havia sido a primeira vez em que as duas irmãs haviam se desentendido gravemente, simplesmente por uma não querer emprestar o vestido para a outra.

Passaram-se alguns dias e Giovana conseguiu um emprego. O problema é que ela só tinha uma calça boa para sair, então teria que trabalhar o mês todo com essa calça até receber seu salário e conseguir, além de ajudar em casa, comprar o que precisava.

Logo no primeiro dia de trabalho, Giovana acabou tomando uma grande chuva na volta para casa, molhando e sujando a calça e, como era inverno, dificilmente iria secar para o dia seguinte.

Enquanto Giovana lavava a calça e lamentava o acontecido, Letícia correu no quarto, pegou sua calça do guarda-roupa e ofereceu para sua irmã. É claro que as duas se abraçaram e Giovana pediu desculpas por ter se negado a emprestar seu vestido quando a irmã precisou.

A história que você acabou de ler apresenta a atitude da partilha sendo colocada em prática em vários momentos, pois partilhar é ____________________, colocar em ________________ algo.

1. Para completar a frase, consulte a tabela conforme a indicação:

LINHA	QUADRO								
	1	2	3	4	5	6	7	8	9
1	A	B	C	D	E	F	G	H	I
2	J	K	L	M	N	O	P	Q	R
3	S	T	U	V	W	X	Y	Z	

Linha 1, quadro n.º 4: _____
Linha 1, quadro n.º 9: _____
Linha 3, quadro n.º 4: _____
Linha 1, quadro n.º 9: _____
Linha 1, quadro n.º 4: _____
Linha 1, quadro n.º 9: _____
Linha 2, quadro n.º 9: _____

Linha 1, quadro n.º 3: _____
Linha 2, quadro n.º 6: _____
Linha 2, quadro n.º 4: _____
Linha 3, quadro n.º 3: _____
Linha 2, quadro n.º 4: _____

2. Agora que você já sabe o que é partilhar, volte no texto e sublinhe as situações de partilha que a história apresenta. Viu só quantos bons momentos essas meninas têm para lembrar em suas vidas?

3. Agora, pense em algo que você pode partilhar com uma pessoa, descreva o que é em formato de charadinha. Depois, troque o livro com um colega para ver se ele consegue acertar a resposta.

4. Que tal realmente tentar partilhar o que colocou em sua charadinha? Tente, só não consegue quem não tenta!

Você sabia que as Tradições Religiosas também orientam seus seguidores sobre a partilha?

No **Judaísmo**, quando a criança começa a falar, recebe uma caixinha chamada *Tsedacá*, que é a caixinha da caridade. O sentido de recebê-la é para que aprenda desde cedo a colocar na caixinha parte do dinheiro que recebe dos pais, avós, ou mesada para ser doado às pessoas que precisam de ajuda, que são menos favorecidas. A caixinha é um modo de lembrar-se do quanto é importante ajudar o outro, partilhando com ele o que tem.

Aos adultos também cabe retribuir o que Javé (*Yahweh*) lhes confiou, partilhando com humildade com aqueles que necessitam.

No **Islamismo**, partilhar (caridade/*zacat*) é mais do que um dever ou uma obrigação. É também visto como um compromisso social. Segundo o *Alcorão* (Texto Sagrado), além de bens materiais, pode-se também vivenciar a partilha com os familiares por meio de:

____

______________________________.

5. Complete a frase encontrando as respostas na cruzadinha.

a) ________________ de consolo.

b) ___________________ ao outro.

c) Momentos de __________________.

d) ____________________ aos pobres e estrangeiros.

a)		P							
		A							
b)		R							
		T							
		I							
c)		L							
		H							
d)		A							

6. E em sua Tradição Religiosa ou em outra Tradição que possa pesquisar, o que se ensina sobre a partilha?

Nome da Tradição Religiosa: ____________________

Ensinamento: ____________________

____

____

Desenho:

Teia de ideias

Que tal produzir, com sua turma e seu professor, uma poesia que revele o que vocês aprenderam sobre esse tema de estudo?

Anotações e Atividades

Anotações e Atividades

Unidade 4

COSTUMES NO MUNDO

Aprendemos na família alguns costumes, como as maneiras de cumprimentar as pessoas, maneiras de se vestir para diferentes ambientes, modos de se alimentar, termos próprios ao falar com diferentes pessoas, como também o estilo da etnia à qual pertencemos e o aplicamos na vida em sociedade: na escola, com os amigos, vizinhos etc. Fazem parte também de nossa vida e da sociedade os costumes das Tradições Religiosas, os quais ajudam as pessoas a lembrarem momentos importantes de sua história e dos preceitos a serem seguidos.

Um costume para cada momento

Vamos conhecer nosso tema de estudo por meio de uma charada?

O que é? O que é?

Nome dado a ações pessoais, familiares ou sociais que as pessoas fazem sempre ou quase sempre. É o mesmo que hábito. O que é?

____

____

Agora, vamos entender melhor o que é costume, observando a história a seguir?

1. Na história que você acabou de ler, quais os costumes que você e seus colegas identificaram? Anote-os!

____

____

____

2. Existem costumes que pertencem à sociedade, a cada família, a cada pessoa e outros que dizem respeito às Tradições Religiosas. Observe novamente as palavras que você registrou na atividade anterior e siga a legenda.

- Circule de verde os costumes religiosos que você e seus colegas identificaram.
- Circule de azul os outros costumes (não religiosos) que você e seus colegas identificaram.
- Faça um X de vermelho no costume que é incentivado tanto pela sociedade quanto pelas comunidades religiosas.

Veja só que interessante!

Você identificou um costume que também está relacionado ao cuidado ecológico, solicitado tanto pelas Tradições Religiosas quanto pela sociedade, pois influencia no modo de agir, no cuidado com a vida.

A história também nos ajuda a perceber que, no dia a dia, as pessoas têm muitos costumes, mas nem sempre eles são iguais, pois, dependendo do lugar onde moram, da origem de sua família, da Religião que praticam, os costumes podem ser bem diferentes.

Observe a ilustração.

Os muçulmanos, pessoas que seguem o Islamismo, têm o costume religioso de realizar o ritual de higiene antes de fazer suas preces. Dentro da própria Mesquita, utilizam lavatórios para lavar algumas partes do corpo, buscando purificar-se.

3. Descubra como é esse costume destacando as peças do quebra-cabeça que estão nas páginas finais do livro. Depois, monte-o colando as peças no espaço abaixo.

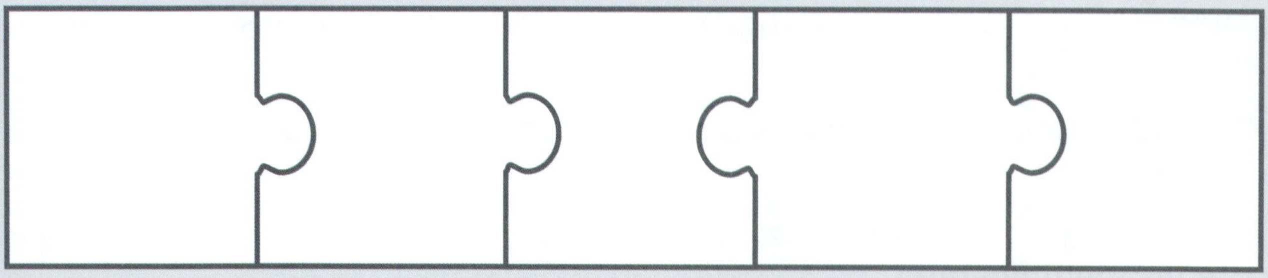

Dentre os vários costumes religiosos do Candomblé, Religião de origem africana, havia um costume que se destacava entre os pescadores em Salvador (Bahia, Brasil), na praia do Rio Vermelho, no dia 2 de fevereiro.

Conforme a Tradição, era preciso fazer oferendas a Iemanjá, que é considerada a rainha do mar, deusa das águas, para obter boa pesca.

Tal costume religioso permanece até os dias atuais, sendo que as oferendas são feitas por mais ou menos 200 mil pessoas que durante o dia todo levam até os balaios, que estão à beira da praia, suas oferendas, como flores, comidas, agradecimentos, pedidos, cânticos, entre outros. Por volta das 16 h 30, os balaios com as oferendas são levados por embarcações em alto mar.

Mais precisamente no dia 30 de dezembro de 2015, os moradores do bairro Rio Vermelho realizaram uma campanha para que as oferendas a Iemanjá fossem, a partir de então, de material biodegradável, evitando, assim, a poluição do oceano.

4. Existe uma curiosidade sobre as oferendas. Descubra qual é, desvendando a carta enigmática.

Há uma lenda popular em torno das oferendas: diz-se que, se a oferenda do fiel voltar para a praia, é porque ela não foi aceita por Iemanjá e...

____

____

____

Décima nona letra do alfabeto + segunda vogal +  − rso = ______________

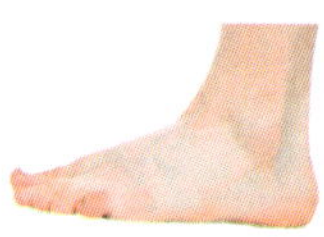 − acento ´ + divino − vino + do = ______________

Contrário de "sim"! = ______________

Serpente −  + á = ______________

Atenção − ção + dia − a +  − da = ______________

Quanto mais conhecemos sobre os diferentes costumes que existem, mais entendemos o significado e aprendemos a respeitá-los.

Teia de ideias

Os costumes ajudam as pessoas a lembrarem o jeito de ser da família, do país e da Tradição Religiosa.

Que tal elaborar coletivamente com seu professor e colegas um acróstico que revele o que vocês aprenderam estudando esse tema?

Anotações e Atividades

Anotações e Atividades

Costumes religiosos: conhecer e respeitar

Certamente, ao estudar o tema "Costumes", você deve ter lembrado alguns que pertencem à sua família.

1. Que tal representar um deles por meio de um desenho?

2. Explique seu desenho.

Os **costumes familiares** muitas vezes são aprendidos e ensinados de uma geração para outra. O mesmo acontece com os costumes religiosos que, ainda, ajudam as pessoas a viverem melhor sua crença.

Veja as fotografias a seguir.

O muro que aparece nas fotografias pertenceu a um grande Templo Sagrado do Judaísmo que por duas vezes foi destruído e só restou essa parede. Os judeus têm o costume de ir até esse local, que se chama Muro das Lamentações, para rezar e colocar pedaços de papel com pedidos, com orações entre uma pedra e outra. Chegam até a lamentar a destruição do Templo.

Outro costume judaico pode ser observado na fotografia a seguir.

O que será que a imagem representa? Você já viu algo parecido em algum lugar?

3. Converse com seu professor e com seus colegas, formulando hipóteses do que pode ser o objeto que está aparecendo na imagem.

1

2

3

Aí vão algumas pistas para vocês conferirem se acertaram ou não:

- é feito com dois rolos pequenos de pergaminho.
- cada rolo possui uma frase da *Torá*, Livro Sagrado do Judaísmo.
- é escrito à mão, em hebraico.
- quem o escreve crê em Deus e segue seus mandamentos.
- serve para atrair a santidade de Deus nas casas, comércios, protegendo-os.
- é fixada na porta, do lado direito, dentro de uma embalagem.

4. Desembaralhe as letras para saber o nome desse objeto que faz parte de um costume do povo judeu.

ÁZEMUZ

O costume de fixar um ________________ já é bastante antigo entre o povo judeu.

No **Cristianismo**, tem-se o costume de representar o nascimento de Jesus. A primeira representação foi feita na Itália, idealizada por Francisco de Assis, e por algumas pessoas que, com muita humildade, ajudaram o povo a relembrar o real significado do Natal para os cristãos, de maneira emocionante.

Então, tornou-se costume para os cristãos católicos montar presépios em suas casas, Igrejas, praças e outros ambientes, representando o nascimento de Jesus por meio de esculturas, trazendo para suas memórias esse momento tão especial. No ano de 2010, em Olinda (PE), na praça do Carmo, houve a inauguração de um presépio gigante com 130 peças, que variavam seus tamanhos entre 2 e 7 metros de altura, considerado, em 2010, o maior presépio do Brasil divulgado até esse ano.

5. Agora, que tal pesquisar ilustrações ou fotografias de presépios em revistas, jornais, ou até mesmo na *internet*? Em seguida, utilize sua criatividade para também representar a cena do nascimento de Jesus.

Repórter por um dia!

Entreviste alguém de sua família, como pais, avós, tios, perguntando sobre um costume religioso que já tenha visto ou seu próprio costume religioso e registre as respostas. Depois, partilhe com seus colegas e professor.

Entrevista: Costumes Religiosos

1. Nome do entrevistado:

____

2. Idade:

____

3. Conte um costume religioso que pratica ou que já viu alguém praticando:

____

____

____

4. A qual Tradição Religiosa esse costume pertence?

____

Repórter:

____

Podemos perceber que os costumes nas Tradições Religiosas são expressões das pessoas sobre sua crença e que, por meio desses costumes, mantêm presentes os fatos e acontecimentos importantes da Tradição Religiosa.

Teia de ideias

Todas as pessoas possuem costumes próprios de sua cultura e Tradição Religiosa. Esses costumes fazem parte de sua história, da história de sua família e também da história das Tradições Religiosas. Precisam, por isso, ser guardados com muito respeito.

6. Registre dentro do baú uma frase sobre a importância dos costumes religiosos, escolha um costume de sua Tradição que você pretende manter em sua vida e aproveite para ilustrá-lo!

Não esqueça! Respeitar o que é importante para as pessoas é um dever de todos!

Anotações e Atividades

Anotações e Atividades

Quebra--cabeça

Página 70

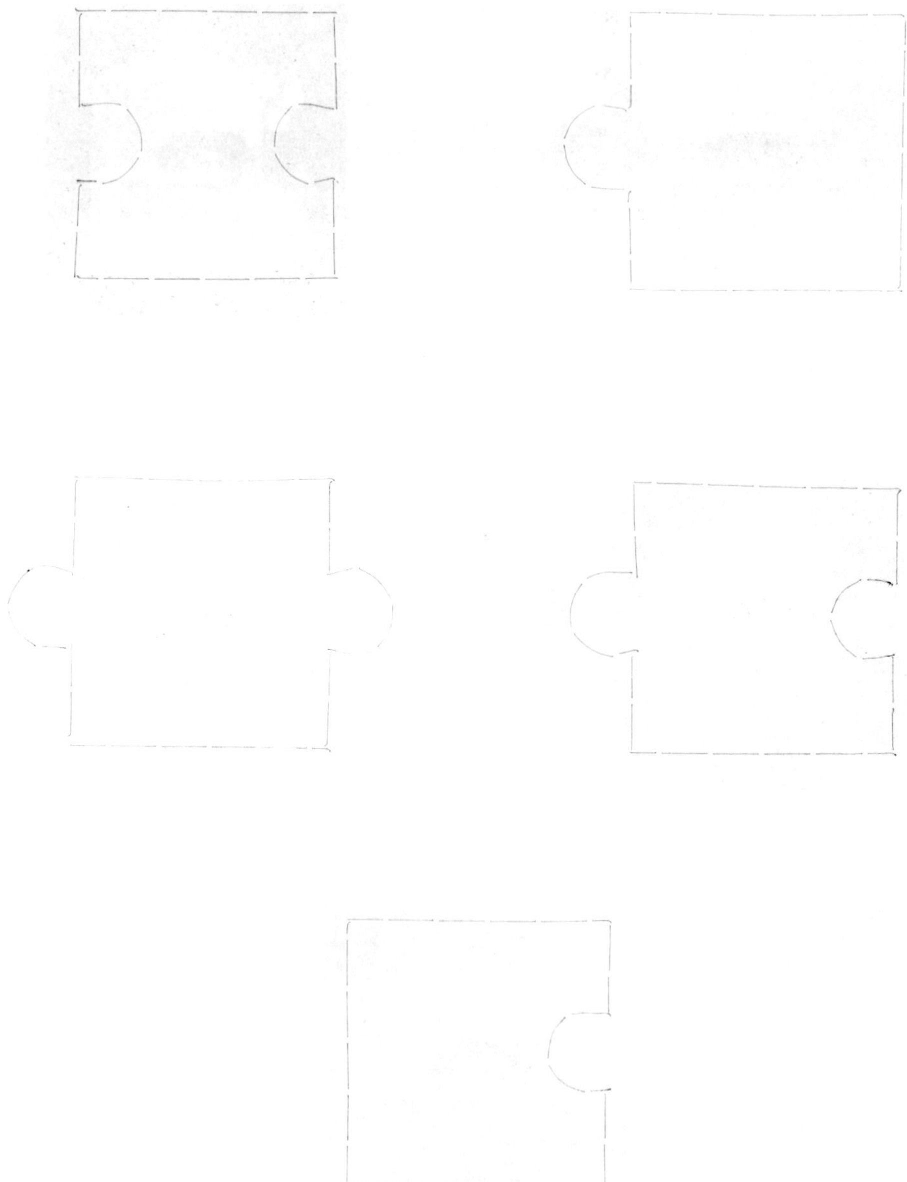

CRÉDITOS DAS IMAGENS | UNIDADE 1

PÁGINA	DESCRIÇÃO	CRÉDITO
7	Adultos e criança sentados	Latinstock | Photosindia.com | Corbis
8	Representação do coração humano e gráfico dos batimentos cardíacos Crianças lendo livro	Shutterstock | Sergey Nivens Thinkstock | Digital Vision | Photodisc
9	Menina segurando tigela e garfo com salada Mulher e crianças em biblioteca	Shutterstock | Tatyana Vyc Shutterstock | Monkey Business Images
10	Textura Menina atrás de cartaz Menina entrevistando mulher	Shutterstock | 501room Shutterstock | Marco mayer Latinstock | Image Source | Corbis
11	Lápis	Thinkstock | Feng Yu | Hemera
13	Mulher e crianças com lápis coloridos	Thinkstock | Monkeybusinessimages | iStock
14	Menino andando em bicicleta Processo de floração de uma rosa, em vaso	Shutterstock | Alexander Pekour Shutterstock | Lukiyanova Natalia | Frenta
15	Menino deitado com caderno e lápis	Shutterstock | MidoSemsem
19	Casal e crianças Quipá e *Torá* sobre colar Menino ajoelhado rezando	Latinstock | Photosindia.com | Corbis Shutterstock | Kaetana Thinkstock | Kathleen Spencer | iStock
20	Textura Casal e crianças acendendo velas em candelabro, ao redor de mesa	Shutterstock | PzAxe Thinkstock | Noam Armonn | Hemera
21	Homens cortando cabelo de menino	Latinstock | David Silverman | Reuters
22	Menino segurando livro aberto	Shutterstock | ZouZou
23	Velas, pedras e flores	Shutterstock | Sofiaworld

CRÉDITOS DAS IMAGENS | UNIDADE 2

PÁGINA	DESCRIÇÃO	CRÉDITO
27	Crianças de mãos dadas em círculo	Shutterstock | Dotshock
28	Ingredientes e utensílios culinários Mulher e menina fazendo bolo	Shutterstock | Yulia Davidovich Shutterstock | Wavebreakmedia
29	Bebê engatinhando Bebê sentado mamando Textura Urso de pelúcia	Latinstock | Image Source | Corbis Latinstock | Blue Jean Images | Corbis Shutterstock | Donatas1205 Shutterstock | J. Helgason
31	Menina rezando debruçada em *Bíblia* e floresta ao fundo	iStockphoto | Erich Vega
32	Menina sentada meditando Lápis	Shutterstock | Blend Images Shutterstock | Rvlsoft
33	Casal e crianças sentados ao redor da mesa rezando	Shutterstock | Monkey Business Images
34	Crianças sentadas com livros	Shutterstock | Pressmaster
37	Mãos	Shutterstock | DenisNata
38	Crianças Crianças sentadas conversando	Shutterstock | Derek Latta Shutterstock | Golden Pixels LLC
39	Pessoas em ponto de ônibus Pessoas em supermercado Crianças brincando de roda em gramado Mulheres conversando	Pulsar Imagens | João Prudente Latinstock | Daniel Koebe | Corbis Shutterstock | Sergey Novikov Shutterstock | Pressmaster
41	Menina sorrindo Folhagem Crianças indígenas	Latinstock | Deborah Jaffe | Corbis Shutterstock | PhilipYb Pulsar Imagens | Edson Sato
42	Material escolar	Shutterstock | Timmary

PÁGINA	DESCRIÇÃO	CRÉDITO
43	Textura Homem e crianças	Shutterstock | Javarman Shutterstock | Jaren Jai Wicklund
44	Crianças atrás de cartaz	Shutterstock | Kiselev Andrey Valerevich
45	Crianças	Shutterstock | Stefanolunardi

CRÉDITOS DAS IMAGENS | UNIDADE 3

PÁGINA	DESCRIÇÃO	CRÉDITO
49	Lápis Crianças ajoelhadas rezando	Thinkstock | Feng Yu | Hemera Shutterstock | Marius Pirvu
51	Textura Lápis coloridos Igreja e representação de São Francisco de Assis com animal	Shutterstock | DT10 Shutterstock | Oksana2010 Latinstock | Arnold Drapkin | Corbis
52	Meninos sorrindo	Thinkstock | Jupiterimages | Goodshoot
53	Padre em Igreja Dalai lama e monges Rabino *Sadhu*	Shutterstock | Cody Wheeler Latinstock | David Turnley | Corbis Thinkstock | Fuse Shutterstock | Hung Chung Chih
54	Crianças lendo livro em biblioteca	Shutterstock | Pressmaster
55	Líderes religiosos *Outdoor*, céu e cerca em estrada	Latinstock | Luciano Mellace | Reuters Shutterstock
59	Árvores em gramado Menino deitado	Shutterstock | Majeczka Shutterstock | Rusoturisto
61	*Tsedacá* e menina colocando dinheiro na caixa *tsedacá* Meninas fazendo piquenique em parque	Istockphoto | Tovfla Shutterstock | Faiz Zaki
62	Menino atrás de cartaz	Shutterstock | Valua Vitaly
63	Lápis Borracha	Thinkstock | Feng Yu | Hemera Thinkstock | Ryan McVay | Photodisc

CRÉDITOS DAS IMAGENS | UNIDADE 4

PÁGINA	DESCRIÇÃO	CRÉDITO
67	Menina Pessoas sentadas ao redor da mesa rezando Casal e menina	Shutterstock | Ami Parikh Shutterstock | Pressmaster Shutterstock | Szefei
68	Menino pensando	Shutterstock | VaLiza
71	Festa de Iemanjá; pessoas na praia carregando oferendas para Iemanjá Pessoas no mar carregando oferendas para Iemanjá	Pulsar Imagens | Rogério Reis Latinstock | Eliano Rossi | Corbis
72	Representação de Iemanjá Urso Pé Pente Dado	Latinstock | Marco Andras | OrangeStock RM Shutterstock | Christian Musat Shutterstock | Milias1987 Shutterstock | Ffolas Shutterstock | Bilder
73	Menina com lápis coloridos Lápis coloridos	Shutterstock | Cristovao Shutterstock | HomeStudio
76	Lápis coloridos	Shutterstock | Markus Mainka
77	Textura Homem rezando no Muro das Lamentações Homens rezando no Muro das Lamentações Papéis no Muro das Lamentações Menino rezando no Muro das Lamentações Mezuzá	Shutterstock | Kanate Shutterstock | Posztos Latinstock | Nathan Benn | Corbis Latinstock | Michel Gounot | Corbis Latinstock | Marko Djurica | Reuters Latinstock | Godong | Robert Harding

PÁGINA	DESCRIÇÃO	CRÉDITO
78	Menina pensando	Shutterstock | Paulaphoto
79	Presépio Enfeites natalinos	Shutterstock | Felix-Andrei Constantinescu Shutterstock | Nella
80	Enfeites natalinos	Shutterstock | Fotohunter
81	Menina segurando prancheta	Thinkstock | Jupiterimages | Goodshoot
82	Baú Papéis	Shutterstock | Anton Derevschuk Shutterstock | Picsfive

Referências

BÍBLIA SAGRADA. Petrópolis: Vozes, 1983.
BOWKER, John. **Para entender as Religiões**. Tradução de Cássio de Arantes Leite. São Paulo: Ática, 1997.
FINE, Doreen. **O que sabemos sobre o Judaísmo?** Tradução de Miriam Gabbai. São Paulo: Callis, 1998.
GANERI, Anita. **O que sabemos sobre o Budismo?** Tradução de Henrique Amat Rêgo Monteiro. São Paulo: Callis, 1999.
_____. **O que sabemos sobre o Hinduísmo?** Tradução de Henrique Amat Rêgo Monteiro. São Paulo: Callis, 1998.
HEERDT, Mauri Luiz; BESEN, José Artulino; COPPI, Paulo de. **O universo religioso**: as grandes Religiões e tendências religiosas atuais. São Paulo: Mundo e Missão, 2008.
HELLERN, Victor; NOTAKER, Henry; GAARDER, Jostein. **O livro das Religiões**. Tradução de Isa Mara Lando. São Paulo: Companhia das Letras, 2001.
HUSAIN, Shahrukh. **O que sabemos sobre o Islamismo?** Tradução de Helena Gomes Kllmes. São Paulo: Callis, 1999.
KÜNG, Hans. **Religiões do mundo**: em busca dos pontos comuns. São Paulo: Verus, 2004.
PIAZZA, Padre Waldomiro O. **Religiões da humanidade**. São Paulo: Edições Loyola, 1996.
SCHERER, Burkhard (Org.). **As grandes Religiões**: temas centrais comparados. Petrópolis: Vozes, 2005.
TABORDA, Francisco. **Sacramentos, práxis e festa**: para uma teologia latino-americana dos sacramentos. Petrópolis: Vozes, 1987.
VIVENDO E APRENDENDO. Histórias para o dia-a-dia. São Paulo: Mundo e Missão, 2002.
WALDENFELS, Hans (Ed.) **Léxico das Religiões**. Tradução de Luís M. Sander. Petrópolis: Vozes, 1995.
WATSON, Carol. **O que sabemos sobre o Cristianismo?** Tradução de Henrique Amat Rêgo Monteiro. São Paulo: Callis, 1998.
WILGES, Irineu. **Cultura religiosa**: as Religiões do mundo. Petrópolis: Vozes, 1996.